Ahora

Natz Rubio

"De tiempo somos.
Somos sus pies y sus bocas.
Los pies del tiempo caminan en nuestros pies.
A la corta o a la larga, ya se sabe, los vientos del tiempo borrarán las huellas.
¿Travesía de la nada, pasos de nadie? Las bocas del tiempo cuentan el viaje."

-Eduardo Galeano

Índice

Ayer....7
- No recuerdo el color de tus ojos....9
- La esencia del recuerdo....11
- Dicen....12
- Algún 2 de enero....13
- Infierno....14
- No aprovechaste....15
- Entonces me di cuenta que le temo al silencio....16
- Buenas noticias....18
- Victoria la estrella....19
- El sombrero....20

Mañana....21
- Más de mil motivos....22
- Espero....23
- Eternidad....24
- De ti me voy a enamorar....25
- Un peso innecesario....26
- Me rehúso a saber del tiempo....27
- 7 p.m.....28
- dama de hierro....29
- Futuro incierto....30
- Reinventar(se)....30

Ahora....33

De esos........34
Bendita distancia........35
La primera última vez........36
Vacío........37
Hoy te veo........38
Quién dijo........39
A veces, ¿cierto?........40
Madrid........41
Me despido........42
Fragilidad........43
No la conoces........44
Tú razón........45
Encuentro fragmentos de ti........46
La mancha de café........47
Crear o creer........48
Once once........49
Dónde........50
Ahogándome........51
El dolor es mejor que nada........52
Siento en mi cuerpo el tiempo........53
¿Y si mañana no amanece?........54

Ayer

12 am

Hay quienes se quedan en la parada,
viendo cómo pasan los autobuses.
No suben,
se rehúsan.

Piensan en un bus que ya pasó
cómo se fue,
lo que dejó.

El tráfico de la vida sigue sin esperarnos,
dejando a aquellos
que no saben dejar.

No recuerdo el color de tus ojos

Un día,
de la nada,
me pregunté de qué color eran tus ojos.
Me pareció extraño no recordar a qué sabe la luna
después de probarla todos los días.

Tal vez
mientras todos ven las estrellas,
yo me pierdo en la profundidad del universo.

Extraviada estoy en los hoyos negros de oscuridad
infinita,
esos sitios poco frecuentados.

Recuerdo la sensación
¿Serán negros o cafés?

¿Será que cambian con la hora o la luz?
Yo solo podría recordar la inocencia que mora en tu alma,
el deseo de ser leída más allá del prólogo.

Si me preguntan de qué color son tus ojos
diría que son de color eterno,
cómo la transparencia del mar
donde no se percibe el final.

¿A qué hora me recogen?
¿Ya están allí?
No,
verdad que ya nunca volverán por mí.

La esencia del recuerdo

Cuando veo estos valles te recuerdo
Siento deseos de correr a tus brazos,
de ir a tu encuentro
tenderme en la humedad de la hierba.
A mi alrededor los pastizales amarillos,
áridos de ausencia
la promesa de un final
que ahora no veo.
Hoy el recuerdo promete poco.
Hay dolor que debo sanar
el camino por recorrer es largo
como el amarillo entre tus senos.

Dicen

Dicen que entre amantes
el amor tiene fecha límite
pues el cielo no quiere
compartir con la tierra
su eterna singularidad.

Algún 2 de enero

Intento creer que lo nuestro fue pasajero, que el sentimiento no importa. El día fue efímero y con él voló tu recuerdo. No alcanzo a ver tu imagen, el viento la envuelve, la confunde: así habla mi inconsciente. Aun así, tu recuerdo permanece claro como el alba. Eres las lágrimas que cayeron sin esperar o las risas sin pensar en cómo me veía.

Me diste la libertad de ser vulnerable y de creer en el amor, te lo agradezco. No sé si podré olvidar. Me toca seguir viviendo, el día permanece. Lo que se rompe en el interior no se ve a simple vista.

Me digo a mí misma que ya no pienso en ti en las mañanas. Que no busco tu sonrisa en el primer rayo de sol. Cuando el pensamiento hilvane al sentimiento estas palabras serán vacías. Mientras llegue ese día seguiré maldiciendo la distancia que nos separa y esas vías del tren que cortaron la esperanza.

Infierno

Aún recuerdo aquella noche
despidiendo tu sonrisa,
en la penumbra sumisa.
El minutero fantoche
Se quejaba del derroche.
El adiós sería eterno
como en Alaska el invierno.
Las estrellas sin indicio,
relumbraban el inicio
de nuestro agridulce infierno.

No aprovechaste

Allí me tuviste dispuesta,
expuesta a tus mil demonios.
Allí me tuviste,
                                    ese es tu problema;
crees que tendrás otro día
para aprovechar de otro cuerpo.
Ahora vives del recuerdo
para el recuerdo no hay masa,
solo el peso
que ahora queda en tu conciencia
de esa noche que me tuviste,
esa cama que nos tuvo
y los besos que faltaron.

Entonces me di cuenta que le temo al silencio

El silencio me llama
me busca sin cesar.
Voy directo a sus ojos,
lo he visto subir al traspatio de la casa
tiene la fortaleza de mi abuelo
la mirada de mi abuela
la voz de mi madre.

El silencio cruza el alma del tiempo
perdura
escucho su voz
juega con mi paleta de colores
con el libreto de teatro que interpreto
lo observo como niña recién levantada
ignoro su crepitar.

El silencio y el miedo van de la mano
ahora le digo a usted tengo miedo.

Ahora

La luna creciente me recuerda a ti,
a esa manera de quitar la mirada.
Apareces sin esperar,
luna roja, luna mojada.

El silencio
guarda noches de anhelo.
Hoy tus pecas me observan con recelo.
Se desnuda la luna y
gime una estrella.

Buenas noticias

"Por fin baja
la cifra de muertos por día:
hoy sólo han muerto 137

Sólo.
Desmoralizar. Deshumanizar.
Reducir vidas enteras
en cifras impares.
El vigor de un camino,
empacado al vacío.

Victoria la estrella

Vi una estrella fugaz
Me pregunté sobre mi vida:
qué he hecho,
qué hago,
o qué haría.
A ella le confesé mis más sinceros deseos
y le regalé mi debilidad.
Tras vagas señales de serena ovación,
me recordó lo que era soñar.

Estrella vil y efervescente.
Tu efímero interés aborrecí
al parpadear y ver que ya no estabas.
Tal vez algo hice mal.
Seguiste tu rumbo sin mirar atrás.

El sombrero

Fuiste presencia de la imprevista soledad
y días
que nunca van a regresar.
Nunca pudiste plantar suelo
en el suelo que te crió.

Fuimos los dos desterrados,
vaquero
y te pesa no decir adiós.
Ahora me buscas mi amado sombrero
desde el closet sigiloso y en silencio.

Mañana

Más de mil motivos

Te daré más de mil motivos para soñar despierta,
creer en el amor desinteresado.
Te daré más de mil motivos para recordarme mañana,
poder ver cómo grita un amanecer desesperado

Recuéstate, mira como el sol alumbra la ventana.
Observa cómo con tan solo tu viva presencia
logra la flor más marchita en mí revivir
como brota el alma que tanto anhelaba sentir.

Tus ojos,
Brillan en mis sueños
el poeta que me habita muestra su pluma.

Tus ojos,
que nombran mi deseo
Recibirán al más dulce de los caramelos.

Descansa al saber que has llegado a mi vida
Bendita inspiración que duele
Al son de la noche perdida tu imagen se mueve
entra a mi cuarto con la certeza de la luna.

Espero que logres lo que quieres y conozcas
de qué están hechos tus sueños.
Espero que en la abundancia del universo
encuentres tu lugar.
Que no tengas que perseguir
la felicidad o el amor
porque ellas te persiguen a ti.

Espero que tu fuente nunca se seque,
para que esperes para otros
lo mismo,
siempre.

Eternidad

Te voy a hacer eterna,
te dije.
La eternidad duró poco,
me dijiste el día que partí.
Lo que tú no sabes
es que estas líneas llevan tu nombre
y la eternidad lleva estas líneas.

De ti me voy a enamorar

Te miro y pienso,
De ti me voy a enamorar.
Ya lo sé,
ya pasé por esto.
Ya conozco las mariposas repentinas,
el deseo incontrolable de besar.
Ya conozco las ganas
de querer sentir a alguien en todo momento.
Los nervios al verla llegar,
la nostalgia de su ausencia.

Un peso innecesario

Cargo conmigo un peso innecesario.
Decoro mi manilla al gusto
una franja negra con metal,
hebilla antioxidante,
cadena perpetua.

Cargas contigo un peso innecesario
Decoras tu manilla al gusto
detalles de cuero,
tintes de cristal.

La muñeca mientras tanto grita:
el tiempo se fuga
de todos,
                    por igual.

Me rehúso a saber del tiempo

Me rehúso a saber del tiempo
cuando estoy con ella
                                        a pensar
en el tiempo.
Puede que alguien controle el final,
nuestro final.

Por hoy no existes tiempo.
Ni hoy ni mientras la tenga en mis brazos
tienes poder sobre mí.
Lleva tu tic tac a otro lado
que aquí no eres bienvenido.

7 p.m.

Nos repetimos cosas
que no son ciertas
porque algún día,
de tanto mentir,
las creeremos.

Por ejemplo,
yo digo que ya
no te extraño.

El que dice que en teatro Macbeth es maldición
no conoce a su lady:
dama de hierro,
cómo coordina su labial con el hielo.

Futuro incierto

Me carcome el alma no saber
si futuro alguno habrá
el cerebro me traiciona,
es el momento indicado pero
algo no funciona

Pintarme un futuro de blanco
cargado de ilusiones e ideas falsas.
Hacerme una nube en la cabeza
una nube improbable y de grandes promesas

Es todo un error honesto,
o como dice el corazón,
un error funesto:
asumir y no vivir,
preocuparse por lo desconocido
mas no de lo que hemos construido.

Reinventar(se)

Parte I: Reconocimiento

Te invito a que te invites
a un café
        o a un té
y así como conoces a otros,
que te des la oportunidad
de conocerte a ti;
a este ser que emerge adentro,
el alma que anhela su reencuentro.

Parte II: Desaprender

Verdadero valiente el que
abraza sus derrotas.
Verdadero genio el que
aprende de ellas.

                Puro sea siempre
el que disfruta del éxtasis
de rendirse ante la duda.

Parte III: Osadía

En la sociedad en la que vivimos
es atrevimiento
ser uno mismo.
Por eso es osado,
abrazar nuestro pasado.

No dejes que el miedo de otros
de verte brillar, opaque
tu verdadero potencial.

Ahora

De esos

Hoy es uno de esos días en que estoy amando la vida.
amo la vida por las oportunidades que me ofrece.
La amo por dejarme crear mi realidad,
así sea por un momento.
La amo porque puedo reír,
bailar hasta que me duelan los huesos
Amo tu aroma de sal de mar y agua
Siento esa leve llovizna.
De esos, tus besos.

Bendita distancia

¿Cuánto duran cinco minutos cuándo no estás?
La noche entera parece suspirar.
Llegas sin avisar
y sin avisar te vas.
es mi día aquí
¿Adónde habrás llegado?
Imagino tu noche en otro lugar
los silencios hablan de lo que es besar.

Creemos que tenemos el control del tiempo
pero es el tiempo lo que nos controla así.
Dices que puedes venir más cerca,
aún más.
Pero no sabemos pensar.
El calor que me agobia es tu frío infernal
y es el hoy la jaula que nos ata a esta distancia.
Podemos dejarnos una vez más
pero no sé cuánto más dure la paciencia,
déjame preguntar.

La primera última vez

¿Por qué dicen que no se puede viajar en el tiempo si yo siempre me transportó a ese momento? Tan solo con cerrar los ojos puedo ver claramente aquellas señales del amanecer, el uber que me espera a pocos metros en la calle, el buzón de correo al frente del carro con el número 112 y detrás mío, la fachada de tu casa y a ti, sujetando la puerta de vitral como si pudieras sostener el tiempo un poco más. Veo tu pijama improvisada: esos shorts cómodos, el buzo de tu banda favorita y tus pies descalzos. Me veo a mi también caminando hacia la calle sin mirar atrás, pensando que si te miro, cargaría por siempre el remordimiento de un amor fallido.

Puedo oler también el césped matutino de suburbio y la fragancia que aún llevaba de tu almohada. Y puedo oír. Puedo oír el motor del carro que me espera pasivamente. Los pájaros poco a poco se despiertan y empiezan a cantar. El problema es que también puedo oír esas palabras que por siempre, y sin quererlo, quedarían tatuadas en mi cerebro. "No te vas a despedir bien?", dices con un dulce acento costeño e inocente. Me detengo y sonrío. Me doy la vuelta y me acerco a ti, allí postrada en el marco de tu puerta. Tomo con mi mano derecha tu cara recién lavada y te beso. Es entonces cuando abro mis ojos y recuerdo que ese fue el último beso y la primera de muchas noches que lloraría con tu nombre entre mis labios y el recuerdo de una despedida bien dada.

Vacío

Aquí voy yo otra vez
con mis sutiles ganas de morir.
Las reconozco,
el cigarro que sostiene mi mano,
me dice que la luz está
al final.
Porque en medio de ellos,
siento un terrible vacío
que solo yo veo
mientras la masa observa morbosa
hacia fuera el dolor tuyo el mío.

Hoy te veo

Arreglo el cuadro inclinado
están los siete, concentrados.
La blanca cabellera grita tal vez.
Quizá no volverá a peinarse,
ni cante otro bolero.

Me siento en la esquina
salta un siete a la mesa.
Aquellas cartas rojas están sudadas
del juego repetitivo no disfruto
                    pronto finalizara

A las siete de la noche los jugadores están cansados
se ensalivan con chistes flojos
dulce inocencia
las canas pretenden su almohada.

Pausa.
Tanto tiempo evitando un plan.
Despausa
es mi turno de jugar

Quién dijo
que el amor es entre dos personas.
En el amor participan tres
tú, yo, el tiempo

y el tiempo,
en este momento
no quiere ceder.

A veces, ¿cierto?

A veces
el universo se alinea para crear un momento.
El tiempo para.
Todo gira en torno a un sentimiento.
En un espacio de lo absurdo
ceden los astros a conceder deseos,
como meseros entrenados.
Es entonces,
cuando el reloj tiene una extraña forma de
demostrarnos que lo eterno
es pasajero.

Contigo un minuto
dura mil años.
Contigo mil años
son solo un suspiro.
Y si somos solo un suspiro,
Lo quiero saborear
con un buen vino.

Madrid

No sé si camino entre las luces de Madrid
o es un sueño
no sé por qué porque se detuvo la cámara
y no guarda lo que siento.
Me pregunto por qué las cosas más bellas de la vida
son las más pasajeras,
como esta hoja naranja
que cae parsimoniosa
Tuvo su vida
y ahora vive su muerte.

Este camino es estrecho
pero es grande:
eso lamentan las hormigas.
Las luces cálidas,
el día frío.
ellas caminan delante mío
y no miran para atrás.

Acá no regreso
Pero sí regresa la lluvia
con un nuevo vestir.
Y si regreso,
sería como la lluvia,
tan fría pero tan sabia.

Me despido

Me despido de la historia
que aún no ha llegado.
Saludo al hoy,
en el que no estás aquí y ahora
                    el vacío de mi mano busca sostener
una imagen más sólida que la de tu ausencia.

Los dibujos que realice de tu rostro se pierden en mi memoria.
Por ahora me conformo con guardar tu sonrisa
cual inocencia de artemisa.

Fragilidad

Me gusta ser partícipe de tu fragilidad
me gusta ver cómo te rompes
en mil pedazos
y saboreas el ser humana.
Te rindes poéticamente
como esperando a alguien
que te lea hasta el final.

Me gusta aún más
ver cómo te levantas.
Sigues,
porque muy dentro sabes
que te leerán hasta el final.
                        Y que este,
no puede ser tu final.

No la conoces

No, no te puede gustar. Te gusta esa idea recóndita que ha venido creciendo en tu cabeza sobre lo que crees que es. Quieres al ser perfecto que has creado en tu cabeza. La cabeza no es capaz de rellenar los vacios en los que se esconden sus agujeros negros. Vivir de la idea es superficial. Querer ir más a fondo es retar el concepto. No la conoces. No conoces el olor de sus mañanas o sus besos con sabor a café. No has visto cómo llora en la ducha y sonríe en toalla. No la has visto caer. No la has visto sostener la tierra al desfallecer. No la has visto levantarse después. El silencio no se escucha a distancia.

Tú razón

Crece la monotonía.
El hábito del día:
mi mayor tormento
me consume el pensamiento
Pausa.
Ahondar en el ahora;
gracia que la vida insiste
en regalar a diario.
Lo simple se doblega.
puedo hallar razones,
para ser feliz hoy:
el aroma del café matutino,
las pelucas del teatro,
una nueva canción.
Para ti,
cuál sería tu razón?

Encuentro fragmentos de ti

Busqué a otros para hallarte a ti
en sus caricias, esos no son tus besos
en las sonrisas de un niño,
en los bailes y mi cintura.

Encuentro fragmentos de tu alma en mis manos
en la brisa
en el primer rayo de sol.

Encuentro fragmentos de ti en mi memoria
tu olor,
en el suave devaneo de un casi amor.

La mancha de café

La mancha de café
en mi libreto de teatro arrugado
guarda su propio misterio
No sé cómo llegó allí
tampoco quiero saberlo.
Dejo que algo conserve su misterio.

El dulce marrón
habla de noches de desvelo
        de un buen manejo del reloj,
y un pobre sentido del tiempo.

Crear o creer

A veces o algunos días
se me olvida el por qué
me lleno de miedos
me dejo vencer.

A veces o algunos días
el mundo parece fallecer
y lo que creía posible
empieza a desvanecer.

Surge el recuerdo
de otras veces u otros días
en los que no me dejo convencer.
Días en los que el sol de la mañana
es más grande que el del atardecer
Anoto:
¿Qué haría yo en tiempos difíciles?
Crear y creer.

Once once

Me gusta como miente la luna.
Me gusta su forma de decir
que todo va a estar bien.
Me gusta como las calles,
vacías,
administran infinitos caminos.
Como la naturaleza
en verde oscuro
pinta un mundo más tranquilo.
La gota corre por esta ventana
y yo en ella me pierdo.

Dónde

Últimamente he sentido mucho
acerca de sentir poco.
He cuestionado dónde fue a parar toda la pasión,
dónde dejé mis ganas de seguir viviendo.
Muy pocas cosas me sorprenden últimamente.
Se ha vuelto muy repetitivo,
este juego al que llamamos vida.

Ahogándome

No lo entiendes
Me estoy ahogando.
Me estoy ahogando en una piscina vacía,
las venas explotan
la mente erosiona:
una piedra sin valor.
                    Estoy deteriorada y destruida.
Entre tanto la vida se convierte en
esa ordenanza dolorosa, inevitable.
Llegué a un punto final y por alguna razón
la vida sigue adelante.

El dolor es mejor que nada

Esta lágrima es tuya,
esta otra también.
Este río, en cambio
es mío.

Al final tú te vas con poco
y me dejas ahogada.
Debo nadar sola
en el dolor,
que es mejor que en nada.

Siento en mi cuerpo el tiempo

He estado evitando este momento.
He estado evitando el saber que pienso
Ahora la vida me ha forzado a encontrarme,
a desenmascararme.
Estoy sola
No tengo otra cosa más que mirarme al espejo,
que tenemos al cerrar los ojos.

Siento en mi cuerpo el tiempo
que la vida va y viene

Me encuentro aquí desnuda,
enhebrando tramas
sacudiendo la manta que envuelve mi alma.
Tengo miedo
Escucho las voces de mi yo
Me veo como ser humana
disfruto haber fallado
sin siquiera haber comenzado.

¿Y si mañana no amanece?

Los grillos siguen despertando
los perros, ladrando
la luz aún no regresa
una muñeca llora en el baño.
Si mañana no amanece,
la noche es eterna

En la silla me mezo
las linternas se agotan
me quemo con la cera que cae de la vela
un calor soportable.
Y si mañana no amanece,
amaneceré yo?

Nada acontece.
Saludo al estado natural del cosmos;
oscuro e
infinito.

Limpio la cera que cae
abrazo a la muñeca.
Si mañana no amanece,
el ahora me queda.

www.ingramcontent.com/pod-product-compliance
Ingram Content Group UK Ltd.
Pitfield, Milton Keynes, MK11 3LW, UK
UKHW022007190726
13853UKWH00004B/1793